L'ÉGYPTE

(1870)

LES CAPITULATIONS ET LA RÉFORME

PAR

G. DE LALEU

Nec beneficio nec injuria.....

PARIS

E. LACHAUD, LIBRAIRE-ÉDITEUR

4, PLACE DU THÉATRE-FRANÇAIS, 4.

—

1870

L'ÉGYPTE

(1870)

LES CAPITULATIONS ET LA RÉFORME

PAR

G. DE LALEU

Nec beneficio nec injuria.....

PARIS

E. LACHAUD, LIBRAIRE-ÉDITEUR

4, PLACE DU THÉATRE-FRANÇAIS, 4

—

1870

CAPITULATIONS ET TRAITÉS

L'histoire constate la tendance très-marquée de tous les peuples à introduire dans les pays avec lesquels ils entrent en relations, leurs usages et leurs législations ; le besoin instinctif, en un mot, de conserver leur autonomie en s'établissant à l'étranger, plutôt que de se fondre dans les civilisations au milieu desquelles ils allaient vivre : ils venaient *négocier*.

Chacun a surtout confiance dans les lois de son pays : il les connaît mieux. Chacun préfère être jugé par ses nationaux : il s'en fait plus facilement comprendre, et leurs intérêts généraux sont presque toujours aussi les siens.

Partout on retrouve ces sentiments et ils se manifestent en raison directe de la différence des mœurs, des lois, des religions des divers pays.

De là, pour les États et pour les groupes intéressés, la préoccupation constante d'échanger des traités, d'obtenir des priviléges. Préoccupation d'autant plus vive que les relations internationales se sont développées davantage ; que les émigrations européennes en Orient ont pris plus d'importance. Traités et priviléges que l'on appelle encore aujourd'hui, séparément ou dans leur ensemble, du vieux mot français, *Capitulations*.

Ces actes, qui produisirent à peu près les mêmes résultats, différaient cependant essentiellement dans la forme. Les uns, véritables contrats, avaient bien le caractère d'engagements réciproques, ne pouvant être loyalement rompus par la volonté d'un seul ; tandis que les autres n'étaient que des concessions faites à titre gracieux et toujours révocables.

Les premières capitulations octroyées par les souverains d'Orient au profit des peuples d'Occident remontent à Charlemagne.

Nous n'en possédons aucune trace authentique, mais la plupart des auteurs, Miltitz entre autres, admettent, suivant la tradition, qu'Haroun-al-Raschid promit à

l'Empereur... « ... d'assurer sûreté et protection
« aux sujets du vaste empire d'Occident visitant le
« Saint-Sépulcre et de permettre aux Français de
« posséder dans Jérusalem des hospices, des églises
« et même une bibliothèque. »

Ces belles promesses furent malheureusement bientôt
oubliées, et dès la première Croisade, décidée au
Concile de Clermont, en 1095, les persécutions contre
les pèlerins avaient repris un caractère de violence
extrême.

Plusieurs nations maritimes de la Méditerranée, qui
n'étaient point directement engagées, profitèrent des
circonstances pour obtenir alors des franchises im-
portantes.

Quelques-unes même purent fonder des colonies
absolument autonomes, régies exclusivement par les
lois de leur mère-patrie.

Quoique les conventions de cette époque ne nous
soient guère connues que par leurs effets, il en est une
cependant qui doit être citée : celle du marquis de
Montferrat, seigneur de Tyr, qui permit aux Marseil-
lais (1187) d'entretenir dans ses États... « .... un
Consul pour maintenir la justice... »

Cette concession, par cela même fort importante, au

point de vue historique, est la première dans laquelle il soit question de la juridiction consulaire française.

L'exemple était donné et bientôt (1191) on comptait dix-neuf juridictions étrangères à Saint-Jean-d'Acre, dont les consuls, hiérarchiquement supérieurs à ceux des autres villes du littoral, prenaient déjà le titre de consuls de Syrie.

Plusieurs fois renouvelées ou étendues, notamment sous Charles VI et sous Louis XII, les capitulations conservèrent jusqu'en 1517 leur caractère primitif de simples concessions.

Quelques années plus tard (1535), Sultan Solyman et François Ier conclurent un traité portant engagement réciproque des parties quant aux libertés et aux franchises commerciales.

Parmi les dix-sept articles de cette convention, trois surtout, au point de vue qui nous occupe, doivent être cités. Ils portent en substance : « Article 3. — Insti-« tution à Constantinople ou Pera et autres villes de cet « Empire d'un *Baile*, comme de présent le consul à « Alexandrie ; juridiction indépendante de cet officier, « auquel l'autorité locale prêtera aide et assistance, au « besoin... »

« Article 4. — Citation en justice d'un Français seu-

« lement sur acte authentique émanant des *Cadi,*
« *Baile* ou *Consul* ; toute cause débattue seulement en
« présence d'un Drogman.

« Article 5. — Les Français ne pourront être
« cités au criminel qu'à la Porte ou devant le principal
« lieutenant du Grand Seigneur. »

Les consuls français étaient donc reconnus, dès
1535, en Orient, par un traité qui leur accordait un
droit absolu de juridiction sur leurs nationaux.

Les capitulations octroyées par le sultan Selim en
1569, rappellent et garantissent de nouveau les stipulations de 1535. Elles furent confirmées en 1581. —
1584. — 1597 et 1604.

M. de Nointel, après de longues et habiles negocia-
tions, obtint, en 1673, un acte de renouvellement dont
l'article 51 prescrit que « les procès dépassant 4,000 as-
« pres (800 fr.) soient portés à l'avenir au divan
« impérial. » Cette disposition a toujours été maintenue
depuis.

Quelques années plus tard, Colbert s'occupa de l'organisation du corps consulaire. Son mémoire au Roi
et l'ordonnance sur la marine de 1681 en fixent les
bases et ont servi de modèle à tout ce qui s'est fait
depuis en cette matière.

Enfin, le marquis de Villeneuve obtint, le 28 mai 1740, du sultan Mahmoud, fils du sultan Moustapha, de nouvelles capitulations apportées, en grande pompe, à Louis XV, avec des présents, par Mehemmed-Saïd, ambassadeur extraordinaire.

Elles avaient pour objet, dit le protocole : «... de « renouveler encore et de fortifier et éclaircir, par « l'addition de quelques articles, les capitulations déjà « renouvelées l'an de l'Hégyre 1084 (1673),» lesquelles capitulations avaient pour but : « *que les ambassadeurs,* « *consuls, interprètes, négociants et autres sujets de la* « *France soient protégés et maintenus en tout repos et* « *tranquillité.* »

Cet acte se compose, en effet, de quatre-vingt-cinq articles, dont quarante-deux renferment des dispositions nouvelles relatives au protectorat religieux, aux prérogatives des agents et employés, au commerce et à la navigation, aux droits des personnes, à l'inviolabilité du domicile et à la procédure.

Les capitulations de 1740 sont les dernières qui aien conservé la forme de priviléges accordés à titre gracieux par les Sultans, mais elles ont toujours été rappelées et confirmées dans les actes ultérieurs — Elles sont donc, encore aujourd'hui, la base du régime sous lequel vivent les Français dans l'Empire Ottoman. A ce titre, nous croyons utile d'en citer, *in extenso*, les articles qui ont le plus spécialement trait aux droits des personnes et aux questions de juridiction.

« Art. 1. On n'inquiétera point les Français qui « vont et viendront pour visiter Jérusalem, de même « que les religieux qui sont dans l'église du Saint- « Sépulcre, dite Kamana. »

« Art. 15. — S'il arrivait quelque meurtre ou quel- « que autre désordre entre les Français, leurs ambas- « sadeurs et leurs consuls en décideront selon leurs us « et coutumes, sans qu'aucun de nos officiers puissent « les inquiéter à cet égard. »

« Art. 26. — Si quelqu'un avait un différend avec « un marchand français, et qu'ils se portassent chez « le cadi, ce juge n'écoutera point leur procès, si le « drogman français ne se trouve présent... Et s'il ar- « rive quelque contestation entre les Français, les am- « bassadeurs et les consuls en prendront connais- « sance, et en décideront selon leurs us et coutumes, « sans que personne puisse s'y opposer. »

« Art. 41. — Les procès excédant 4,000 aspres « seront écoutés à mon Divan impérial, et nulle part « ailleurs. »

1.

« Art. 42. — S'il arrivait quelque meurtre dans les
« endroits où il y a des Français, tant qu'il ne sera
« point donné de preuves contre eux, on ne pourra dé-
« sormais les inquiéter, ni leur imposer aucune amende
« dite *Djérimé*. »

« Art. 43. — Les priviléges ou immunités accordés
« aux Français auront aussi lieu pour les interprètes,
« qui sont au service de leurs ambassadeurs. »

« Art. 52. — S'il arrive que les consuls et négo-
« ciants français aient quelques contestations avec les
« consuls et les négociants d'une autre nation chré-
« tienne, il leur sera permis, du consentement et à la
« réquisition des parties, de se pourvoir par-devant
« leurs ambassadeurs qui résident à ma Sublime-Porte;
« et tant que le demandeur et le défendeur ne consen-
« tiront pas à porter ces sortes de procès par-devant
« les pachas, cadis, officiers ou douaniers, ceux-ci ne
« pourront pas y forcer, ni prétendre en prendre con-
« naissance. »

« Art. 65. — Si un Français ou un protégé de la
« France, commettait quelque meurtre ou quelque autre
« crime, et qu'on voulût que la justice en prît con-
« naissance, les juges de mon empire et les officiers
« ne pourront y procéder qu'en présence de l'ambas-

« sadeur et des consuls ou de leurs substituts dans
« les endroits où ils se trouveront. »

« Art. 70. — Les gens de justice et les officiers de
« ma Sublime-Porte, de même que les gens d'épée,
« ne pourront, sans nécessité, entrer par force dans
« une maison habitée par un Français, et lorsque
« le cas requerra d'y entrer, on en avertira l'ambas-
« sadeur ou le consul dans les endroits où il y en aura,
« et l'on se transportera dans l'endroit en question
« avec les personnes qui auront été commises de leur
« part. »

Art. 76. — « Les gouverneurs, commandeurs,
« cadis, douaniers, vaïvodes, muteslini, officiers, gens
« notables du pays, gens d'affaires et autres, ne
« contreviendront, en aucune façon, aux capitulations
« impériales; et si, de part et d'autre, on y contrevient
« en molestant quelqu'un, soit par paroles, soit par
« voies de fait, de même que les Français, seront châ-
« tiés par leurs consuls ou supérieurs, conformément
« aux capitulations..... »

« Art. 83. — Comme l'amitié de la Cour de France
« avec ma Sublime-Porte est plus ancienne que celle
« des autres cours, nous ordonnons, pour qu'il soit
« traité avec elle de la manière la plus digne, que les

« priviléges et honneurs pratiqués avec les autres na-
« tions franques aient aussi lieu à l'égard des sujets de
« l'Empereur de France. »

La Révolution ne changea rien à ces stipulations,
et les relations de la France avec la Turquie restèrent
les mêmes jusqu'à l'expédition d'Égypte.

Deux ans après la convention d'El-Arish qui fixait
les conditions de l'évacuation, fut signé à Paris, le
25 juin 1802, un traité « ..... de paix et amitié entre
« la République Française et la Sublime-Porte... »

L'importance de cet acte est surtout dans son caractère d'engagement réciproque, dans la forme de traité
bilatéral qu'il adopte, et aussi dans son article 2 dont
voici le texte :

« Art. 2. — Les traités ou capitulations qui, avant
« l'époque de la guerre, déterminaient respectivement
« les rapports de toute espèce qui existaient entre les
« deux puissances, sont en entier renouvelés. »

Le 25 novembre 1838 la France et la Turquie échan-
gèrent à Constantinople un nouveau traité presque
exclusivement commercial. Les premières lignes de
son article 1er méritent seules de prendre place ici.

Elles sont ainsi conçues :

« Art. 1er. — Tous droits, priviléges et immunités

« qui ont été conférés aux sujets ou aux bâtiments
« français par les capitulations ou les traités existants,
« sont confirmés aujourd'hui et pour toujours à l'ex-
« ception de ceux (*Douanes, tarifs.....*) qui vont être
« spécialement modifiés par la présente convention... »

Bientôt après, le 15 juillet 1840, l'Autriche, l'Angleterre, la Prusse et la Russie firent à Londres une convention dite : *Traité de la quadruple alliance*. La France
n'y prit pas part.

A ce traité fut annexé un acte séparé par lequel,

« § 1er. Sa Hautesse promet d'accorder à Mehemet-Ali,
« pour lui et sa descendance directe, l'administration du
« Pachalic de l'Égypte ; et Sa Hautesse promet encore
« d'accorder à Mehemet-Ali, sa vie durant, avec le
« titre de Pacha d'Acre et avec le commandement de
« la forteresse de Saint-Jean-d'Acre, l'administration
« de la partie méridionale de la Syrie..... »

« § 5. — Tous les traités et toutes les lois de l'Em-
« pire Ottoman s'appliqueront à l'Égypte et au Pacha-
« lic d'Acre, comme à toute autre partie de l'Empire
« Ottoman. »

La France reconnut implicitement et accepta le traité de
la Quadruple Alliance, et l'acte séparé qui y était annexé,
en signant à Londres, le 13 juillet 1841, avec l'Autriche,

l'Angleterre, la Prusse, la Russie et la Turquie, la convention relative à la fermeture du Bosphore et du détroit des Dardanelles.

La France peut donc et doit se considérer comme ayant elle-même renouvelé les anciens traités et les capitulations à cette époque.

La loi qui accorde le droit de propriété immobilière aux étrangers en Turquie fut promulguée le 7 sepher 1284 (18 juin 1867).

L'Empereur, désirant constater par un acte spécial son entente avec le Sultan, quant à l'admission des Français au bénéfice de la législation nouvelle, autorisa M. Bourée, son ambassadeur, à signer (le 9 juin 1868), un protocole dont nous verrons plus loin les principales dispositions.

Le résultat immédiat de la loi du 7 sepher 1284 est la création pour les Européens d'une situation que les capitulations n'avaient pas prévue, qu'elles ne pouvaient pas prévoir.

Le nombre des étrangers doit augmenter rapidement, dans des proportions considérables, en Turquie, et forcément ils cesseront d'être réunis, groupés, comme ils l'étaient jusqu'à présent dans les grands centres. Pour protéger efficacement alors leurs biens et leurs personnes dispersés par tout l'empire, il faudrait multiplier à l'infini les agences consulaires.

. Les puissances cependant tiennent essentiellement, et avec raison, au maintien des capitulations qui sont la seule sauvegarde de leurs nationaux en Orient. Mais elles reconnaissent que l'éloignement de la résidence des consuls en rendra l'application immédiate fort difficile, souvent même impossible, lorsque les rapports avec les indigènes seront devenus presque journaliers et beaucoup plus intimes.

Il était donc indispensable de réglementer d'un commun accord les droits et les devoirs de ceux, qui profitant d'un nouvel état de choses, seraient aussi dans des conditions nouvelles. Le protocole du 9 juin 1868 y pourvoit après la stipulation expresse inscrite au premier paragraphe, que..... « la loi qui accorde aux étrangers « le droit de propriété immobilière, ne porte aucune « atteinte aux immunités consacrées par les traités et « qui continueront à couvrir la personne et les biens « meubles des étrangers devenus propriétaires d'im- « meubles. »

Les sujets étrangers, désormais, se classent en deux grandes catégories. L'une, pour laquelle rien n'est changé à l'ordre de choses établi et qui continue à jouir dans toute leur intégralité des priviléges acquis; l'autre, créée par la loi du 7 sepher 1284 et qui n'existait pas la veille, le même individu appartenant toujours d'ailleurs à la première quant à sa personne et ses biens meubles, mais se rangeant volontairement dans la seconde, dont l'acte du 9 juin 1868 détermine les droits et les devoirs, lorsque devenant propriétaire d'immeubles, il veut agir à ce titre.

Le paragraphe 3 du protocole rappelle l'inviolabilité du domicile, «... dans lequel ne peuvent pénétrer les « agents de la force publique, sans l'assistance du « consul ou de son délégué, » et le paragraphe suivant en donne ainsi la définition :

« § 4. — On entend par demeure, la maison d'habi- « tation et ses attenances, c'est-à-dire les communs, « cours, jardins et enclos contigus, à l'exclusion de « toutes les autres parties de la propriété. »

Dans le cas seulement, prévu au paragraphe 6, «... où « les localités seraient éloignées de 9 heures, ou plus « de 9 heures de marche, de la résidence de l'agent « consulaire, les agents de la force publique pourront « pénétrer dans la demeure d'un sujet étranger. »

Malgré toutes ces précautions, on semble craindre

de ne pas prendre assez de garanties, car il faut
encore : que lesdits agents de la force publique soient
officiellement requis par l'autorité locale ; qu'ils se fas-
sent assister par trois membres du conseil des anciens
de la commune ; enfin, qu'il y ait urgence pour la
recherche ou la constatation d'un crime.

De plus (§ 8), l'agent chargé de la visite domiciliaire
et les trois membres du conseil des anciens doivent
dresser procès-verbal de l'opération, et le commu-
niquer immédiatement « ... à l'autorité supérieure,
« qui le transmettra elle-même et sans retard à
« l'agent consulaire le plus rapproché. »

Le paragraphe 10 stipule que, dans les mêmes conditions de distance, 9 heures de marche ou plus...
« les sujets étrangers seront jugés sans l'assistance
« du délégué consulaire par le conseil des anciens rem-
« plissant les fonctions de juge de paix et par le tri-
« bunal du Caza, pour les contestations n'excédant
« pas 1,000 piastres (230 francs) et les contraventions
« entraînant une amende maximum de 500 piastres
« (115 francs). »

Ici encore des garanties sont jugées nécessaires.
Nous les trouvons dans les paragraphes 11 et 12, spé-
cifiant que le droit d'appel devant le tribunal du Sand-

jak existera dans tous les cas et que cet appel, toujours
suspensif, ne sera suivi qu'avec l'assistance du consul.

Enfin (§ 13) «... l'exécution des sentences rendues
« dans les conditions déterminées plus haut (celles que
« nous venons de rapporter) ne pourra avoir lieu sans
« le concours du consul ou de son délégué. »

Les sujets étrangers seront toujours autorisés,
quelles que soient les distances, à reconnaître entre eux
la juridiction du conseil des anciens, ou du tribunal du
Caza, dans la limite de leur compétence. Mais le paragraphe 16 y met la condition expresse « ... que le
« consentement des parties soit donné par écrit et
« préalablement à toute procédure. »

On a beaucoup critiqué l'acte du 9 juin 1868, que
l'on accuse de détruire les capitulations. On ne saurait trop répéter qu'il n'en est rien; au contraire, puisque son premier paragraphe déclare de la façon la plus
formelle que « ... il n'est porté aucune atteinte aux
« immunités consacrées par les traités. »

Les stipulations que nous venons d'étudier répondent
seulement aux exigences de situations spéciales qui
n'existaient point auparavant. Elles ne sont applicables,
comme le dit très-bien M. Bourée dans sa circulaire
du 17 août 1868, aux consuls de France dans l'Empire

Ottoman « ... qu'à ceux qui auraient jugé suffisantes
« les garanties offertes par un empire dont l'état
« social est encore imparfait. »

La France, en signant le protocole du 9 juin 1868, n'a
donc rien perdu, rien abandonné des droits acquis par
les traités, ni des priviléges accordés par les souverains,
ou confirmés par l'usage. Mais l'Empire Ottoman est
ouvert aux étrangers, à leur commerce, à leur indus-
trie, qui doivent, en enrichissant le pays, lui permettre
aussi de marcher d'un pas plus rapide et plus ferme
dans la voie de la civilisation et du progrès.

Nous venons de parcourir cette longue histoire des
capitulations, et nous avons vu les gouvernements
d'Europe préoccupés sans cesse, depuis plusieurs siècles, des droits de leurs nationaux en Orient et de
compléter leurs garanties. Nous avons retracé les dispositions principales du dernier acte intervenu entre la
France et la Porte. Nous en avons fait ressortir les
termes précis, qui stipulent, avant toutes autres dispositions, la confirmation entière, absolue, sans réserves,
des anciens traités.

Voyons maintenant les projets de réforme mis en
avant par l'Egypte pour tâcher de détruire les juridictions consulaires.

II

Lorsqu'en 1867, le Gouvernement de S. A. Ismaïl-Pacha pensa, pour la première fois, à parler d'une ré-'orme judiciaire en Egypte, il s'adressa d'abord à la 'rance. — Les instances du Khédive et de son fondé le pouvoirs, Nubar Pacha, décidèrent M. le marquis le Moustier, ministre des affaires étrangères, à instituer . Paris, pour étudier le projet qui lui était présenté, ine commission composée de :

MM. Duvergier, président de section au conseil l'État, *président*, C. Tissot, sous-directeur des Tra-'aux politiques au ministère des affaires étrangères, 'lax Outrey, agent et consul général de France en

Égypte, Saudbreuil, procureur général près la Cour Impériale d'Amiens, et Féraud-Giraud, conseiller à la Cour Impériale d'Aix.

Du 8 novembre au 3 décembre 1867, époque à laquelle elle remit son rapport, la commission se réunit quinze fois.

Analysons, en conservant la division en onze chapitres de ce travail fort remarquable et très-complet, les opinions des commissaires sur les questions qui leur étaient soumises.

§ 1er. — Juridiction en matière civile et commerciale lorsqu'il s'agit de contestations entre Français.

Lorsqu'il s'agit de contestations entre Français établis en Orient, les capitulations reconnaissent et stipulent, d'une façon absolue, la compétence exclusive des tribunaux consulaires français. Il ne peut y avoir aucun doute sur cette question, et même, il était interdit aux Français, par l'article 2 d'un édit de 1778, de traduire d'autres Français, dans les Échelles du Levant, devant une juridiction étrangère.

Cette disposition est encore en vigueur.

L'instruction générale du 8 août 1814 prescrit aux consuls de veiller à ce qu'elle ne soit pas enfreinte. Et le 7 septembre 1844, la cour d'Aix condamnait, en effet, à 1,500 francs d'amende un nommé Artus, sujet français, pour avoir cité un autre Français devant les autorités ottomanes de Kutaïé.

Les jugements consulaires peuvent toujours être frappés d'appel, et les causes, dans le cas de contestations entre Français, venant alors devant la Cour impériale d'Aix, les intéressés ont la certitude de trouver toutes les garanties possibles de saine et bonne justice.

Les distances pouvaient entraîner autrefois des délais fâcheux, pour la solution de certaines affaires offrant un caractère d'urgence, mais il n'en est plus ainsi aujourd'hui. L'objection tombe d'elle-même, grâce à l'organisation de services maritimes réguliers et rapides. Du reste, le projet de réforme judiciaire dont la commission avait à s'occuper, n'ose pas attaquer directement les attributions des consuls, lorsque des Français seuls sont en cause. Il est juste d'ajouter aussi que personne ne se plaint de l'organisation actuelle, ni de ses résultats ; que tous l'ont adoptée, l'approuvent et en réclament le maintien.

§ 2. — Contestations entre Européens de nationalités différentes.

Les anciennes capitulations stipulaient que les étrangers devaient toujours être considérés, dans l'Empire Ottoman, quelle que fût leur nationalité, comme Français ou protégés de la France.

Le traité de 1740, qui, le premier, fait mention des consuls d'autres puissances, dit aussi article, 52 : « . . . . . et tant que le demandeur et le défendeur « ne consentiront pas à porter ces sortes de procès « par-devant les pachas, cadis, officiers ou douaniers, « ceux-ci ne pourront pas y forcer, ni prétendre en « prendre connaissance. »

La justice du pays ne peut donc intervenir dans les contestations entre étrangers, et, s'il est permis à ceux-ci de l'accepter d'un commun accord, il faut ajouter aussi que jamais les Européens n'y eurent recours.

La règle du droit romain : *Actor sequitur forum rei,* admise par toutes les puissances chrétiennes dans leur législation, est adoptée d'une façon invariable en Egypte, où le demandeur doit toujours s'adresser au tribunal consulaire du défendeur.

L'application de cette règle offre de grands avantages. Elle peut aussi présenter des inconvénients. Il est difficile, en effet, de prévoir si les circonstances permettront de rester défendeur; il est toujours impossible de former une demande reconventionnelle, puisque le demandeur, devenant alors défendeur, il faudra lui intenter un nouveau procès devant un autre tribunal.

La commission pense que s'il existe un moyen de parer à ces inconvéniens, on ne doit jamais, en tout cas, chercher, soit dans la réforme des traités, soit dans l'abrogation des usages, un remède qui serait certainement bien pire encore que le mal.

§ 3. — Contestations entre Européens et Indigènes.

Nous avons vu (articles 26, 41 et 69 du traité de 1740) les dispositions relatives aux contestations entre Européens et Indigènes ; dispositions qui donnèrent lieu à l'adoption successive de divers usages plus pratiques.

Les procès supérieurs à 4,000 aspres ne pouvaient tous être suivis à Constantinople. Les chrétiens se refusèrent toujours absolument à comparaître, même avec l'assistance d'un drogman, devant les tribunaux musulmans.

Le gouvernement turc essaya plusieurs fois, il est vrai, de rentrer dans la lettre des traités, mais les ambassadeurs s'y opposèrent et les usages furent maintenus.

La règle : *Actor sequitur forum rei*, adoptée en Egypte, comme nous l'avons dit plus haut, lorsqu'il s'agit de contestations entre étrangers, l'est aussi dans le cas de différends entre Européens et Indigènes. C'est toujours le tribunal du défendeur qui doit être saisi.

Réorganisés le 3 septembre 1861, les tribunaux de commerce du Caire et d'Alexandrie, qui ont soulevé des plaintes nombreuses, souvent justifiées, n'ont donné jusqu'ici d'ailleurs que d'assez mauvais résultats. Ils sont composés, sous la présidence d'un Égyptien, de juges européens et indigènes ; mais ces derniers surtout, qui manquent d'instruction et d'indépendance, se laissent aussi « ... *souvent guider par des mo- « tifs regrettables.* »

Le gouvernement égyptien avoue lui-même qu'il y a lieu à certaines réformes, et la commission se réserve d'indiquer celles qui lui sembleront les meilleures.

§ 4. — Juridiction en matière criminelle.

Indépendamment des articles 16, 65 et 76 du traité de 1740, qui sont très-précis, la France a toujours stipulé pour elle le traitement de : *la nation la plus favorisée*. Or, les traités de la Sublime-Porte des : 10 janvier 1737, avec la Suède ; 7 mai 1810, avec les États-Unis ; 3 août 1837, avec la Belgique et 18 mai 1839, avec les villes Hanséatiques, ne laissent aucun doute au sujet de l'attribution de la juridiction en matière criminelle aux consuls.

La France est donc encore, à ce titre, dans les mêmes conditions, et ses consuls seuls ont le droit de poursuite contre leurs nationaux.

Il en a toujours été ainsi pour toutes les nations en Égypte, où ce droit est en outre confirmé par le règlement de police de Saïd-Pacha, à l'article 52, dont voici le texte :

« Article 52. — Le jugement et la punition des cri-
« mes et délits imputés à un étranger, dont la préven-
« tion aura été justifiée par l'instruction préparatoire,

« seront, à la requête du directeur de la police, pour-
« suivis devant la justice consulaire. »

Ce système, auquel on reproche de favoriser parfois
l'impunité, grâce à la faiblesse ou au mauvais vouloir
de certains consuls, n'est pas parfait assurément.

Cependant, d'une manière générale, les consulats ont
toujours cherché à faciliter et à développer l'action de
la police et du pouvoir.

Le règlement de Saïd-Pacha a été fait avec l'aide et
l'assistance des consuls, qui permettent à la police d'entrer dans tous les lieux publics, quelle que soit la nationalité du propriétaire, d'y procéder même à des arres-
tations.

Et puis, à en juger par la façon dont il use et
abuse de son pouvoir envers les indigènes, il serait
impossible de remettre la juridiction criminelle entre
les mains du gouvernement, qui ne la réclame pas
encore du reste, comme l'a dit Nubar-Pacha dans l'enquête, et comme le constate la note remise à la Porte
par le Khédive.

La commission pense cependant que s'il faut maintenir absolument la juridiction consulaire en matière
criminelle ; on pourrait adopter néanmoins quelques

mesures nouvelles propres à donner une plus grande
liberté d'action et de répression à la police locale.

§ 5. — Exécution.

Le domicile et la personne des Français, des étrangers en Orient, ont toujours été reconnus inviolables
par les capitulations ; et tout dernièrement encore,
par le protocole du 9 juin 1868, paragraphe 1er.

Les perquisitions, les exécutions ne peuvent se faire
(articles 65 et 70 du traité de 1740) qu'avec le concours,
et sous la surveillance « ... des ambassadeurs,
« des consuls ou de leurs substituts. »

Ces garanties, les plus précieuses, les plus nécessaires de toutes celles qui furent jamais stipulées au
profit des nations chrétiennes, ne doivent pas même
être discutées.

Si quelques rares individualités, parmi les consuls,
ont donné lieu personnellement à des plaintes fort vives,
peut-être justes, on doit y remédier par un choix
meilleur, par des mesures spéciales qui puissent mettre
obstacle aux abus.

Mais les droits des personnes resteront intacts et leur domicile inviolable.

§ 6. — Législation.

En matière civile et commerciale, la législation française est généralement suivie en Égypte, quoique l'on refuse encore de l'admettre devant quelques consulats, celui d'Angleterre entre autres.

Il paraît indispensable d'instituer une commission chargée d'étudier un Code, d'après lequel seraient jugées les contestations entre Européens de toutes nationalités, et les différends entre Européens et Indigènes.

Le projet de réforme ne demande rien de plus sur cette question et le principe est admis, mais la composition de la commission n'est pas comprise par tous de la même façon. Le gouvernement égyptien désire n'y voir entrer que des jurisconsultes. L'Angleterre voudrait, avec raison, y introduire des délégués politiques. Le commerce européen d'Égypte demande à y être représenté.

§ 7. — Opinions émises dans le congrès de Paris sur l'exercice du droit de juridiction.

Plusieurs fois, notamment au congrès de Paris, la Porte essaya de retirer une partie de ses concessions antérieures, surtout en ce qui concerne le droit de juridiction et son exercice. Les plénipotentiaires reconnurent qu'il pouvait y avoir lieu à une révision partielle des capitulations, au point de vue commercial, ce qui fut fait depuis. Mais il a été impossible de trouver jusqu'à présent, en dehors des anciennes stipulations, un ensemble de dispositions qui pût donner des garanties suffisantes aux personnes et aux biens des étrangers en Orient. Et même, dans tous les traités conclus depuis par le Gouvernement Ottoman (avec la France et la Grande-Bretagne, le 29 avril 1861 ; — avec l'Italie, le 10 juillet 1861 ; — la Russie, le 3 février 1862 ; — les États-Unis, les 12-25 février 1862 ; — la Prusse et le Zollverein, le 20 mars 1862, et enfin avec l'Autriche, les 10-22 mai 1862), l'article 1er est toujours identique. Le voici :

« ART. 1er. — Tous les droits, priviléges et immu-

« nités, qui ont été conférés aux sujets et aux bâtiments
« de (la puissance contractante), par les capitulations
« et traités existants, sont confirmés, maintenant et
« pour toujours, à l'exception des clauses desdites ca-
« pitulations, que le présent traité a pour objet de
« modifier. »

Dans aucune de ces clauses nouvelles, il n'est question de la juridiction consulaire.

La Sublime-Porte reconnaît donc elle-même qu'elle
doit renoncer à ses prétentions à ce sujet, puisqu'elle
confirme... *maintenant et pour toujours les capitulations et traités existants.*

§ 8. — **Propositions du Gouvernement Egyptien.**

Le projet de réforme mis en avant aujourd'hui par
l'Égypte, n'est qu'un moyen nouveau d'atteindre un
but, longtemps poursuivi par la Sublime-Porte, mais
abandonné depuis par elle : celui d'obtenir que les
puissances renoncent à tout ou partie des droits et des
garanties qui protégent les nations chrétiennes.

Le projet égyptien est présenté, sous la forme d'un

rapport au Vice-Roi, par son ministre des affaires étrangères.

Il renferme des plaintes et propose des remèdes. D'après Nubar-Pacha, les capitulations ne seraient point exécutées, mais remplacées par une sorte de droit coutumier fondé sur des abus. L'indigène, demandeur ou défendeur, n'obtiendrait jamais justice. Le Gouvernement lui-même aurait dû payer 72 millions d'indemnités depuis quatre ans, après de scandaleux procès. Le pays entier, par suite, tendrait à se démoraliser. La justice criminelle enfin, serait entièrement livrée à l'arbitraire des consuls.

D'après les rapports du Caire et d'Alexandrie, d'après les personnes entendues dans l'enquête, le mal est bien loin d'être aussi grand qu'on le prétend. Les capitulations ne sont violées en aucune façon Plusieurs usages se sont introduits, acclimatés successivement, c'est vrai, mais ces usages, reconnus utiles, indispensables même, ont été acceptés en pratique par le Gouvernement Egyptien, et confirmés dans plusieurs documents officiels.

Les indigènes, l'état des jugements rendus par le tribunal consulaire d'Alexandrie le constate, obtiennent toujours justice. Cinquante-neuf affaires entre Français et indigènes ont été jugées du 1er janvier 1866 au mois de septembre 1867, et les demandes des indigènes, cinquante et une fois accueillies, n'ont été repoussées que huit fois seulement.

Quant aux 72 millions d'indemnités... « *rien n'a* « *justifié aux yeux de la Commission l'exactitude de* « *ce chiffre,*» et, en tous cas, «... les payements ont eu « lieu par suite d'engagements et de transactions li- « brement consentis par le Gouvernement, en dehors « de toute action judiciaire. »

Quant aux remèdes à apporter à un état de choses qui motive les plaintes peu fondées du rapport, on les trouverait dans une série de propositions apportées par Nubar-Pacha, ou *verbalement* substituées par lui à celles que contenait ledit rapport.

Ces propositions peuvent se résumer ainsi :

« 1° Constituer deux tribunaux civils et deux tribu- « naux de commerce, l'un au Caire, l'autre à Alexan- « drie, sur une base mixte, en donnant la majorité « aux Européens, avec des magistrats choisis par le « Vice-Roi, parmi des candidats qui lui seraient indi- « qués par les Gouvernements européens.

« 2° Au besoin, ne constituer que deux tribunaux, « un au Caire, et l'autre à Alexandrie, sur les mêmes

« données et avec les mêmes éléments, tribunaux qui
« jugeraient à la fois les matières civiles et commer-
« ciales. »

« 3° Dans tous les cas, établir au-dessus d'eux et
« dans les mêmes conditions, une Cour d'appel à la-
« quelle seraient déférés les jugements rendus en pre-
« mière instance.

« 4° Devant ces tribunaux on accorderait un droit de
« récusation, et, à ces conditions, toutes les causes
« entre indigènes et étrangers devraient y être portées,
« quel que fût le demandeur ou le défendeur, ce qui
« revient à dire que, pour ce qui les concerne, les Eu-
« ropéens renonceraient à l'application de la maxime :
« *Actor sequitur forum rei.* »

« 5° En appliquant au criminel le système proposé
« pour le règlement des affaires civiles, on instituerait
« des tribunaux correctionnels mixtes, qui constitue-
« raient une sorte de jury, composé mi-partie d'Indi-
« gènes, mi-partie d'Européens.

« L'appel des décisions de ce tribunal serait porté au
« tribunal d'Alexandrie.

« 6° On suivrait, en matière commerciale, le code de
« commerce français, aujourd'hui en vigueur à Cons-
« tantinople.

« 7° Pour la législation civile, le Vice-Roi appellerait

« en commission des jurisconsultes étrangers qui,

« réunis aux légistes Egyptiens, combineraient, en les

« conciliant, les dispositions du Code Napoléon avec

« la législation égyptienne actuelle, avec les lois des

« autres nations européennes.

§ 9. — **Situation de l'Egypte au point de vue de la possibilité et de l'efficacité des réformes proposées.**

L'Egypte ne possède encore ni lois ni administration ; ou du moins les premières, fort incomplètes, manquent de suite et de clarté. Quant à la seconde, elle est si peu régulière, si peu administrative.....

Les races, les mœurs, les croyances religieuses et les situations sociales varient à l'infini.

Le Vice-Roi est tout, il est partout. — Sa volonté domine les institutions, pendant que ses intérêts privés le font agriculteur, industriel, negociant, constructeur, etc., etc.

Le caractère de S. A. Ismaïl-Pacha est certainement une garantie. Son esprit droit, son désir du bien, doivent inspirer la confiance. — Mais quels seront ses successeurs ? Lorsque la fortune personnelle du souverain est forcément chaque jour en lutte ou au moins en contact, avec celle des particuliers, serait-il prudent d'abandonner pour l'avenir la protection que nous assurent les traités?

Aujourd'hui même, malgré toute son intelligence et ses bonnes intentions, le Khédive, mal entouré, ignore bien des choses.

Il peut être, il doit être, il est souvent trompé. Les plus hauts fonctionnaires, presque toujours, sont mêlés à toutes les grandes entreprises, et alors : « ... la pres-
« sion du pouvoir, dans les affaires de justice, est d'au-
« tant plus à craindre. »

La situation morale de l'Égypte ne nous permet donc pas de laisser amoindrir nos priviléges.

La colonie étrangère a le droit de réclamer le res-
pect des traités, sous la foi desquels ses membres ont engagé leurs fortunes et quitté leur pays.

Les projets seuls de réforme, mis en avant par Nubar Pacha, ont causé déjà la plus vive émotion. Une lettre du président de la chambre de commerce du Caire le constate, et on lit dans les rapports : « ... Il y a
« eu une véritable panique parmi les Européens et
« l'inquiétude est allée jusqu'à l'effroi. »

10. — Examen des propositions égyptiennes et avis motivé de la commission.

La juridiction consulaire, lorsqu'il s'agit de contestations entre Français, a fait ses preuves.

Le gouvernement égyptien ne demande pas la révision des traités qui l'établissent, les Français en réclament énergiquement le maintien.

Il ne peut être question d'y rien changer.

En ce qui concerne les procès entre étrangers de nationalités différentes, la règle : *actor sequitur forum rei*, est adoptée depuis longtemps. Elle offre de grands avantages ; il ne semble pas, jusqu'à présent, qu'on veuille porter atteinte à son application.

La commission n'a donc pas à se préoccuper de ces sortes de procès.

Elle pense cependant qu'une grande partie des inconvénients qu'on a pu signaler, et qui existent en effet, devraient facilement disparaître.

Il suffirait d'introduire dans les contrats, et de rendre valide, une clause compromissoire déterminant la juridiction que choisiraient les contractants.

Les nations intéressées pourraient s'entendre à ce sujet.

Le régime auquel sont soumises les contestations entre étrangers et indigènes : « …n'a rien d'abusif, la « situation qui l'a créé est normale, elle découle de la « lettre des traités, de leur esprit ou de la force des « choses. »

« La justice que l'autorité égyptienne a essayé de « constituer jusqu'à présent est déplorable, et les étran- « gers ne sont jamais sûrs du sort qui les attend, « même devant les tribunaux mixtes. » (Commission 1867.)

Il semble difficile à la commission, que l'on puisse se faire illusion et avoir la moindre confiance dans les résultats de la réforme, même lorsque l'élément étran- ger serait en majorité, même lorsque les juges euro- péens seraient choisis sur l'indication de leurs gouverne- ments.

Toutes les influences, les moins avouables surtout, ont cours en Égypte, des habitudes « … fâcheuses « sont bien profondément enracinées, les mauvais « exemples fourmillent » ; et «… ceux qui s'expatrient « ne sont pas, en généra, ceux dont les vertus et la

« situation pourraient le mieux les prémunir contre
« tant de dangers réunis. »

Des plaintes unanimes s'élèvent contre certains consulats. Dans ces conditions, et au point de vue politique, il était impossible de ne pas écouter au moins les projets du Gouvernement égyptien.

Mais, « ... d'un autre côté cependant, l'expérience
« du passé, la connaissance du présent, les justes
« inquiétudes que peut inspirer l'avenir, la sollicitude
« pour nos nationaux, ce qu'il peut y avoir de fondé
« dans leurs alarmes ; tout doit interdire de les dé-
« pouiller, quant à présent, des garanties qui les proté-
« gent. »

La majorité donnée aux Européens et les deux degrés de juridiction seraient, comme le droit de récusation, des conditions essentielles.

Deux tribunaux, au lieu de quatre, offriraient une combinaison plus simple quoique suffisante, et partant préférable.

Mais la composition des tribunaux « ... appelle les plus sérieuses critiques.

« Pas d'immixtion des puissances étrangères, » ...
a dit Nubar-Pacha. « ... Justice rendue au nom du

« gouvernement et par des juges nommés par le gou-
« vernement. »

Que la justice soit rendue au nom du Vice-Roi, nous
l'admettons.

Que les consuls en soient complétement éloignés,
sans pouvoir jamais intervenir, « ... il n'y faut pas
« songer. Ce serait la discréditer dès le premier jour. »

Quant au mode de nomination des juges et aux
règles qui devraient présider à leur choix, ces questions demanderaient à être étudiées avec soin. Et le
seul moyen de donner confiance aux Européens, de leur
faire accepter une nouvelle organisation, serait d'y
faire entrer l'élément électif.

Les tribunaux devraient donc se composer :

1º De magistrats indigènes, pour sauvegarder la sus-
ceptibilité du Khédive.

2º De jurisconsultes étrangers, pour y faire pénétrer
la science ;

3º Enfin de notables, choisis comme le sont aujour-
d'hui les membres des tribunaux de commerce, et par
les mêmes procédés.

On constituerait la cour d'appel sur les mêmes
bases.

Il y aurait encore lieu, surtout, de créer immédiatement un greffe, avec un personnel nommé par le tribunal, dont l'action et la surveillance seraient ainsi plus directes et plus efficaces.

En ce qui concerne la question de compétence, on ne peut admettre que tous les procès dans lesquels se trouveraient des indigènes soient enlevés à la juridiction consulaire. La règle : *actor sequitur forum rei,* continuera à être suivie comme par le passé. L'abandonner « ... serait semer partout l'alarme et tout compromettre. »

Mais les étrangers, par une clause compromissoire dont on reconnaîtrait la validité, pourraient toujours porter leurs différends devant les tribunaux égyptiens.

Ces mêmes tribunaux jugeraient les contestations entre étrangers et indigènes, lorsqu'il s'agirait de contrats de bail, à loyer ou à ferme.

Leur compétence s'étendrait encore à tous les cas où l'indigène serait défendeur, mais l'étranger conserverait, partout et toujours, le droit de se faire assister par un drogman de son consulat.

Il paraîtrait enfin indispensable, « ... en raison des « mœurs et des habitudes de l'Orient...», que les jugements, rédigés en français et en arabe, fussent exécutés en présence des consuls, et dans les prisons consu-

laires lorsqu'ils prononceraient la peine de l'empri-
sonnement.

Il est bien entendu, que toutes ces concessions impor-
tantes n'auraient qu'un caractère provisoire ; qu'elles
ne seraient adoptées, en un mot, qu'à titre d'essai,
sous la condition très-formellement stipulée par les puissances, de pouvoir revenir à l'ordre de choses actuel.

Car, si le nouveau régime peut devenir la base, le
point de départ de réformes plus larges, il devrait être
abandonné aussi, dès que l'expérience en aurait fait
justice.

Quant à la réforme en matière criminelle, le gouvernement égyptien ayant déclaré qu'il préférait lui-même
ajourner cette question, la commission n'a pas cru
devoir l'étudier.

§ 11. — Résumé de l'avis de la Commission.

« Telles sont, Monsieur le Ministre, les opinions
« auxquelles, après mûr examen, la Commission a cru
« devoir s'arrêter et qui lui ont été inspirées, autant
« par l'intérêt bien entendu de l'Égypte que par la
« sollicitude due à nos nationaux. »

En voici le résumé :

1• Maintien de la juridiction civile des consuls sur leurs nationaux.

2° Maintien de la règle adoptée pour le jugement des contestations entre étrangers de nations différentes. Vœu qu'il soit paré, autant que possible, aux inconvénients auxquels l'application de cette règle donne lieu, par l'adoption de la clause compromissoire, et que les gouvernements s'entendent entre eux pour arriver à une mesure qui diminuerait encore le mal.

3° Pour ce qui regarde les procès entre étrangers et indigènes, abandon partiel, au profit de la justice égyptienne, de la maxime : *Actor sequitur forum rei*, dans la mesure et aux conditions suivantes :

a. — Les tribunaux mixtes égyptiens seraient reconstitués de manière à assurer la majorité aux Européens; dans ce but, on y introduirait des juges européens qui seraient nommés par le Vice-Roi, sur la simple désignation de leurs gouvernements.

Ces tribunaux de première instance se trouveraient ainsi composés de trois éléments; un élément indigène à la tête duquel figurerait le président, un élément européen fixe composé de jurisconsultes, et un élément électif recruté comme il l'est aujourd'hui.

b. — Il serait établi une cour d'appel sur la même base, avec un personnel plus nombreux, à laquelle les décisions de première instance pourraient être déférées.

c. — L'élément électif recevrait l'investiture du Vice-Roi.

d. — Le droit de récusation serait accordé aux plaideurs.

e. — Les tribunaux à instituer devraient s'occuper de l'organisation d'un greffe. Les greffiers, ainsi que les employés du greffe, les interprètes et les huissiers seraient nommés par le tribunal et placés sous sa surveillance.

f. — Les consuls seraient appelés à l'exécution des jugements rendus contre les Européens et devraient concourir à cette exécution.

g. — Les sentences seraient rédigées en arabe et en français.

h. — Faculté pour l'étranger, toutes les fois qu'il figure à un titre quelconque devant un tribunal égyptien, d'être assisté par un drogman de son consulat.

Dans ces conditions, le tribunal connaîtrait de toutes

les affaires civiles et commerciales où l'indigène serait défendeur. Il ne serait fait exception que pour les matières qui ressortissent de la loi religieuse ou du statut personnel.

Le tribunal connaîtrait, en outre, de tous les procès qui lui seraient déférés par les parties, soit qu'elles en convinssent à l'instant même, soit qu'elles eussent d'avance accepté sa juridiction dans une clause compromissoire.

On lui attribuerait enfin la connaissance de toutes les questions qui naissent des contrats de bail à ferme ou à loyer, quel que fût le demandeur ou le défendeur.

4° Maintien du *statu quo* en matière criminelle pour tout ce qui concerne le jugement des crimes et délits.

5° Attribution exclusive à la justice égyptienne de la poursuite et de la répression des contraventions de simple police, en réservant aux consuls le droit de poursuivre devant le tribunal de leur nation les infractions commises à leurs propres arrêtés.

6° Détermination du territoire sur lequel s'étendront les juridictions des tribunaux du Caire et d'Alexandrie. En dehors de ce territoire, maintien de ce qui existe.

7° Vœu que l'exécution des jugements soit réglementée, que la législation soit complétée et qu'un système d'étude du droit soit organisé.

8° Enfin, dominant tout ce qui précède, stipulation expresse de la clause résolutoire, c'est-à-dire droit de revenir à l'état de choses actuel si la nouvelle organisation ne produisait pas les résultats qu'on peut légitimement en attendre.

SITUATION

III

Nous avons retracé l'histoire des relations diplomatiques de la France avec Constantinople, depuis Charlemagne jusqu'à nos jours.

Nous avons passé en revue toutes les capitulations accordées par les Sultans et tous les traités.

Nous avons suivi enfin, avec la plus grande attention, la Commission de Paris dans ses travaux, nous avons dit ses conclusions.

Cette étude a semblé longue peut-être, mais elle était nécessaire.

Il était utile de suivre d'abord la politique de la France à travers les siècles ; de la voir, toujours la même, à toutes les époques, sous tous les régimes

conquérir peu à peu chacun des éléments de notre influence en Orient.

Pour répondre à ceux qui lui demandent de renier
un passé glorieux, de laisser nos nationaux en butte à
l'ignorance et au fanatisme, à l'arbitraire et à la cor-
ruption, il fallait établir la situation vraie de l'Égypte
aujourd'hui. Il fallait montrer quelles sont ses ressour-
ces morales, quels sont ses institutions et ses hommes.
Il fallait savoir ce que l'on en peut attendre.

La Commission réunie en 1867, sous la présidence
de M. Duvergier, était très-fortement composée. Les
noms seuls de ses membres disent assez la confiance
qu'elle devait inspirer.

Nous venons d'étudier son rapport. Nous savons
qu'elle fut obligée de constater qu'il n'y avait ni lois, ni
administration en Égypte ; que les influences les moins
avouables y avaient cours ; qu'il était impossible d'y
trouver des juges indigènes indépendants, instruits, et
ne se laissant pas guider souvent « ... *par des motifs
regrettables* ; »

Que la volonté du Souverain et la puissance de l'or y
étaient seules respectées ;

Qu'il semblait difficile, enfin, de se faire illusion et d'avoir
la moindre confiance dans les résultats de la réforme.

Nubar-Pacha courba la tête. La souplesse de ses façons, toutes ses belles promesses et les trésors du Khédive n'avaient pu ni charmer, ni tromper, ni séduire. Mais bientôt, avec la tenacité féline des orientaux, il entama de nouvelles intrigues.

Les circonstances lui semblaient favorables.

L'Europe ne pouvait guère, au moment de l'inauguration du canal de Suez, à l'occasion de cette grande fête internationale, refuser à l'Égypte de l'entendre.

L'Europe fut courtoise envers son hôte, les puissances permirent à quelques-uns de leurs agents consulaires de se réunir à Alexandrie, pour écouter Nubar-Pacha.

Mais les instructions étaient précises.

La Commission internationale de 1869, les dépêches diplomatiques en font foi, n'avait qu'un caractère consultatif. C'était seulement une Commission d'enquête. Bien loin d'avoir à adopter une organisation nouvelle quelconque, elle devait recevoir les plaintes articulées contre l'état de choses actuel, et examiner jusqu'à quel point elles étaient fondées.

Puis, après avoir fait préciser les réformes proposées, rechercher si elles offraient dans la pratique toutes les garanties que les puissances ont le droit d'exiger.

M. le prince de la Tour d'Auvergne disait encore dans sa dépêche à MM. Tricou et Piétri : « Sans vouloir pré-« juger les résultats de cette nouvelle étude, il nous est « permis, je crois, de supposer que les conclusions « auxquelles s'arrêteront les délégués des puissances « différeront peu de celles qu'a formulées naguère la « Commission française. »

Les commissaires devaient enfin faire connaître, à leurs gouvernements respectifs, leur avis motivé.

La commission, au lieu de siéger à Alexandrie, centre le plus important de la colonie européenne en Égypte, fut réunie au Caire, près du Vice-Roi, sous la présidence de Nubar-Pacha, dans les salons de son hôtel.

Les souverains succédaient aux souverains à cette époque, les princes suivaient les princes, chaque jour avait ses fêtes.

Comment faire une enquête sérieuse alors ? Comment voir les choses sous leur aspect véritable ? Comment travailler enfin dans de telles conditions ?

C'eût été impossible, on ne l'essaya même pas.

La commission se réunit neuf fois, mais à la quatrième séance seulement, elle put obtenir un projet écrit des réformes demandées.

A la cinquième un comité fut chargé, toujours sous la présidence de Nubar-Pacha, de recueillir les amendements qui seraient proposés à quelques-uns des 54 articles du projet.

La sixième et la septième suffirent à l'étude de l'organisation des tribunaux en matière civile, et les deux dernières furent consacrées à la justice criminelle.

Enfin, le 17 janvier 1870, les délégués signèrent le : *Rapport de la commission internationale réunie au Caire pour l'examen des réformes proposées par le Gouvernement égyptien.*

Il semble, en lisant ce rapport, que la commission ait cherché seulement à établir que les réclamations du Gouvernement égyptien étaient fondées, et non à les contrôler ; à patroner les réformes proposées et non à en vérifier l'utilité, à en prévoir les conséquences.

Les *procès-verbaux* des séances, cependant, constatent une vive opposition de quelques-uns des commissaires à plusieurs des dispositions du projet, au projet lui-même dans toute sa seconde partie.

MM. Tricou et Piétri pour la France, M. de Schrein-
ner pour l'Autriche, entre autres, et M. Theremin pour
la confédération de l'Allemagne du Nord, s'étaient éle-
vés assez énergiquement contre certaines prétentions.

Ces messieurs avaient pensé qu'il ne devait pas être
question, dans l'organisation nouvelle, des contestations
entre étrangers de nationalités différentes, ou entre indigènes, et que les tribunaux à instituer auraient à juger
seulement les différends entre étrangers et indigènes.

Quant à la réforme en matière criminelle, les commissaires français avaient déclaré que cette question
portait atteinte aux capitulations ; qu'il leur était impossible, par conséquent, d'examiner aucune des propositions faites à ce sujet, et qu'ils se retiraient absolument de la discussion.

Les commissaires anglais et ceux de la confédération
de l'Allemagne du Nord avaient été du même avis en
ce qui concernait les capitulations. Mais les premiers,
sans craindre de se contredire, proposèrent bientôt
de mettre la réforme criminelle en pratique un an après
l'installation des tribunaux civils.

Cependant la commission adopta l'ensemble du projet, ou du moins le rapport fut signé, et c'est à peine si l'on y trouve la trace de quelques modifications.

On lit même dans ce rapport assez adroitement présenté d'ailleurs : « Elle (la commission) a été également « d'avis unanime, que l'inconvénient du système actuel « se trouvant dans l'inégalité de la répression et dans « son peu de sûreté, le remède direct et nécessaire « se trouvait précisément dans la constitution d'une « justice unique appliquant une loi égale pour tous. »

Ce qui n'est point exact, puisque les délégués français n'avaient pas voulu prendre part à la discussion.

Et plus loin : « La majorité de la commission a été « d'avis : que l'unité de juridiction en matière crimi- « nelle et correctionnelle était nécessaire à la sécurité « de tous les intérêts. »

Ce qui n'est pas exact non plus, car il ne saurait y avoir de majorité ou de minorité qu'à la suite d'un vote régulier, et jamais aucune question n'avait été mise aux voix, malgré les insinuations du président à la première séance.

Nous ferons remarquer, en outre, que les réserves expresses de MM. Tricou et Piétri ne sont mentionnées nulle part dans ce rapport, qui ne dit pas non plus leur refus absolu de discuter la réforme en matière criminelle.

Nubar-Pacha, il est vrai, présidait le comité de rédaction, et Son Excellence est bien persuasive.

Mais il est étrange pourtant, quand la France proteste et se retire, qu'on n'en tienne aucun compte, et qu'il ne soit seulement pas fait mention de ses réserves.

Le rapport fut signé, sans observations, par tous les commissaires.

Nubar-Pacha triomphait, trop vite peut-être, et parlait haut aux consuls ; à ces mêmes délégués qui s'étaient montrés si aisés à convaincre, si confiants ou si faciles. Plusieurs d'entre eux furent obligés bientôt de se plaindre directement au Vice-Roi.

Il restait encore, avant d'obtenir l'assentiment des puissances, avant même de le solliciter, une condition essentielle à remplir.

L'approbation du Sultan, sa permission étaient indispensables. Le Khédive n'a pas le droit de se faire représenter auprès des gouvernements étrangers, ni de traiter directement avec eux. Il n'est pas souverain, et les affaires du Pachalic d'Égypte, comme celles de toutes les autres provinces de l'Empire, ne peuvent être suivies que par les ambassadeurs de la Sublime-Porte.

Officiellement informé par la France et l'Angleterre de la réunion projetée d'une commission internationale à Alexandrie et du but que poursuivait l'Égypte, le sultan avait soulevé des difficultés tout d'abord.

Il ne fallut pas moins que la garantie qu'il ne serait porté aucune atteinte à ses droits souverains, pour vaincre sa résistance. Il avait été bien spécifié en outre :

1° Que la commission ne serait qu'une commission d'enquête ;

2° Qu'il ne pourrait rien être convenu en dehors de lui, ni rien conclu qu'avec lui.

Après de sérieuses objections du Grand-Vizir, le rapport de la Commission internationale fut présenté au Conseil des ministres, avec de profondes modifications et de grandes restrictions. Le Conseil, dans sa séance du 29 mars, repoussa *définitivement*, *à l'unanimité*, le projet de réforme judiciaire en Égypte et tout ce qui s'y rapporte.

Mais, — il y a toujours des mais en Orient — le 31 mars, Nubar-Pacha revit le Grand-Vizir et sut mieux se faire comprendre sans doute, car le lendemain il était autorisé, dit-on, à négocier avec les cabinets européens.

Bientôt, il est vrai, Mustapha-Fazil-Pacha, le frère du Vice-Roi, fut nommé ministre de la justice à Constantinople.

La politique de l'Orient est là tout entière.

Ainsi le Sultan, au mois de janvier dernier, charge Server-Effendi de porter au Khédive un firman qui lui rappelle, entre autres notifications, la défense absolue de traiter avec aucun gouvernement.

Le Vice-Roi s'incline, mais il conserve un ministre de ses affaires étrangères.

Trois mois s'écoulent à peine, et le Khédive demande à s'entendre directement avec les puissances, pour déchirer les traités signés par son suzerain, pour séparer encore plus la province qu'il gouverne du reste de l'Empire, en lui donnant une organisation judiciaire nouvelle et qui lui soit propre.

Le Conseil des ministres refuse à l'unanimité. Trois jours se passent, . . tout change. . . Les ministres se sont laissé convaincre. Le Conseil des ministres accepte à l'unanimité.

Nubar-Pacha part pour l'Europe, mais on nomme Mustapha-Fazil ministre de la justice, et Mustapha-

Fazil pourra, moins facilement peut-être, se laisser convaincre par son frère Ismaïl.

Quoi qu'il en soit, le Ministère des affaires étrangères français a fait étudier avec soin la question au mois de novembre 1867, et la commission n'a pas pensé que l'on pût rien changer au régime actuel sans une grande réserve, sans une prudence extrême.

Six mois plus tard, le protocole du 9 juin 1868 stipulait, *et pour toujours*, le maintien absolu des droits et priviléges consacrés par les anciens traités.

La Commission internationale du Caire enfin, malgré les conditions dans lesquelles on la réunissait, a laissé voir ses défiances et percer ses inquiétudes.

Il n'est donc pas possible que le Sultan veuille sérieusement oublier aujourd'hui le passé, qu'il manque à la foi jurée, qu'il affaiblisse et démembre son empire, qu'il cède enfin aux instances, à l'argent ou aux menaces de son Pacha d'Égypte.

D'après tout ce qui précède, il est facile de se convaincre que les droits acquis par les traités, et consacrés par l'usage, doivent être longtemps encore sauvegardés et maintenus. La crainte seule de les voir discuter avait causé parmi la colonie européenne, d'après le rapport de la Commission de Paris : « …une vé-

« ritable panique, et l'inquiétude est allée jusqu'à
« l'effroi. »

La moindre atteinte à la juridiction consulaire serait
une calamité, sa suppression deviendrait un désastre
pour nos nationaux. Leurs fortunes gravement compro-
mises, leurs personnes sans cesse menacées, les obli-
geraient à quitter immédiatement l'Égypte. Car la situation des étrangers n'est supportable que grâce aux
capitulations, grâce à la protection vigilante des consuls. Et malgré toutes ces garanties, des actes arbi-
traires, odieux sont fréquemment commis.

Les délégués français surtout, MM. Tricou et Pietri,
ont osé soulever des objections au sein de la Commission, et faire quelques réserves. Les Français, depuis
ce temps, sont en butte à une véritable persécution.

Tous les employés et domestiques des écuries du
Khédive, et ceux de la maison du Prince héritier, ont
été sommés de renoncer à leur nationalité, et de se
soumettre à la juridiction des tribunaux du pays. Presque tous ont refusé, presque tous ont été destitués ou
renvoyés.

Les journaux et les correspondances nous apportent, à chaque courrier, le récit de quelque arrestation illégale, accompagnée de violences et de voies de fait, par la police locale.

Le consul n'est jamais prévenu, malgré les stipulations expresses des traités. Les victimes (comme le Français Laroche arrêté sans motifs avouables, et mystérieusement transporté des prisons du Caire dans celles d'Alexandrie) attendent qu'on sache leur détention, que l'on découvre leur cachot, que l'on puisse les réclamer. Les cawas du consulat eux-mêmes, comme tout dernièrement Emin au Caire, ne sont point à l'abri de ces excès.

Nous pourrions citer depuis trois mois vingt autres faits analogues.

Les consuls demandent-ils satisfaction, on ordonne une enquête. On produit des pièces fausses (affaire Laroche); les consuls insistent, l'administration supérieure désavoue la police, et les mêmes faits se reproduisent le lendemain.

Si l'affaire est trop grave, on destitue le chef de la police, mais on le rappelle deux jours après (cela vient de se passer au Caire), pour l'élever à la dignité de Wékil de la Daïra-Hassa, position très-supérieure.

Et c'est en présence de tels abus que l'on ose proposer à l'Europe d'abandonner ses droits, de renoncer à ses priviléges, de déchirer enfin les traités qui les assurent.

La situation est déplorable, il est temps d'y mettre un terme.

De nombreuses pétitions se couvrent de signatures, l'empereur et le ministère en ont reçu déjà plusieurs.

La colonie française souffre profondément et réclame une protection efficace de la France.

Que la France parle enfin, qu'elle sache se faire entendre.

L'Égypte n'a pas de lois, pas d'administration, pas de traditions. Ou plutôt, ce qui est pis encore, les lois sont vagues, insuffisantes ou mauvaises, les juges ignorants, fanatiques, obéissants ou corruptibles.

Les administrations exigent, elles n'administrent pas ; les administrateurs méritent les mêmes reproches que les juges.

La tradition est d'obéir au maître, quel qu'il soit.., à une volonté toujours souveraine, mais qui change avec le maître dont le caprice est tout, domine tout, passe avant tout ; de résumer la science, la morale et la justice dans ce vieil axiome oriental : « Entendre c'est obéir. »

Le Vice-Roi est bon, il est intelligent, nous croyons qu'il veut le bien. On ne saurait en dire autant des conseillers qui l'entourent.

Il demande à réformer les juridictions étrangères. Qu'il réforme d'abord ses administrations publiques ; qu'il révise, complète et codifie les lois ; qu'il crée des tribunaux indigènes, honnêtes et sérieux ; qu'il régularise ses finances ; qu'il demande des hommes pour instruire et moraliser ses sujets, qu'il fasse justice enfin de tous ces ruineux parasites, de tous ces flatteurs, ambitieux brouillons dont il est la victime et l'Égypte avec lui.

Le peuple, le vrai peuple est doux, intelligent, travailleur, économe; le peuple l'aimera bientôt au lieu de le redouter. Le sol est d'une richesse extrême, l'agriculture sera prospère. Le commerce, puissamment aidé par le canal de Suez, prendra son essor. Alors les capitulations, les traités protecteurs devenus inutiles, disparaîtront d'eux-mêmes en face des progrès rapides d'une civilisation nouvelle, et l'Égypte reconnaissante inscrira le nom d'Ismaïl, en lettres d'or, au livre de l'histoire.

CONCLUSION

Que les tribunaux indigènes continuent à régler les différends entre indigènes ; que la justice égyptienne soit bien ou mal rendue, l'Europe n'a point à s'en préoccuper.

Les juridictions consulaires sont hors de cause lorsqu'il s'agit d'étrangers de même nationalité.

La règle : *actor sequitur forum rei*, doit être appliquée, comme par le passé, pour les procès entre étrangers et indigènes.

L'Égypte n'a pas non plus à intervenir dans les contestations entre étrangers de nationalités différentes,

4.

et nous repoussons absolument ses projets de réforme.

Le percement de l'isthme de Suez a fait une assez grande situation à M. de Lesseps, qui demande aussi la réforme judiciaire.

Nous repoussons l'influence de M. de Lesseps et ses pétitions dictées par les besoins financiers de la Compagnie qu'il dirige, par l'intérêt de quelques actionnaires peut-être, mais non par l'intérêt européen.

M. de Lesseps ne peut à aucun titre demander la révision des capitulations, l'abrogation des traités, la réforme judiciaire en un mot.

Président de la Compagnie universelle du canal maritime de Suez, il est à la tête d'une Compagnie industrielle égyptienne, agissant dans certains cas, celui des ventes de terrains par exemple, de compte à demi avec le gouvernement égyptien. Il craint les dix-sept juridictions consulaires sous l'empire desquelles il ne croit pas possible d'exploiter son canal; il a tort.

Les dix-sept juridictions ne sont point de création récente, elles existaient avant son entreprise. Depuis douze ans il a eu affaire à des sujets de toutes les nationalités du monde, à leurs consuls par conséquent, et les difficultés *insurmontables* dont il parle ne l'ont point empêché d'arriver.

De plus, les droits de passage sont payés d'avance par les bâtiments dont les capitaines doivent accepter et signer un règlement de la navigation, imposé par la Compagnie.

M. de Lesseps a fait en 1869 une affaire nouvelle avec S. A. Ismaïl-Pacha. L'un, mettant en société l'intérêt qui s'attache à l'avenir du canal, à la fortune de ses actionnaires; et S. A., quelques milliers d'hectares de sables incultes.

Le premier, cherchant partout une base nouvelle de crédit; le second, un moyen d'obtenir la sanction de ses projets de réformes judiciaires, condition expresse du traité.

Cette belle combinaison avait été imaginée précisément lorsque la commission internationale allait se réunir au Caire. Passons, il est inutile d'insister davantage.

Les dix-sept juridictions consulaires, établies en Égypte, sont incontestablement la cause de difficultés nombreuses, de procès éternels et ruineux.

Les puissances européennes ne pourraient-elles pas s'entendre, pour rédiger et promulguer un recueil de lois, un code international unique, applicable à tous les étrangers en Égypte, par un tribunal composé suivant un roulement déterminé, des consuls ou juges consuls de tous les consulats?

Ce tribunal connaîtrait des questions civiles et commerciales, mais, dans ce dernier cas, l'élément électif y serait introduit. Il jugerait enfin en dernier ressort les procès qui ne dépasseraient pas une certaine importance. Les autres pourraient être portés par l'appelant devant le tribunal d'appel du défendeur.

Quant à l'organisation actuelle de la justice en matière criminelle, il est impossible d'y rien changer, sans livrer la colonie européenne aux abus de l'arbitraire, aux excès de la force brutale et du fanatisme religieux.

Paris, impr. Paul DUPONT, rue J.-J.-Rousseau, 41. — 2241.5.70